Fabian Janisch

Aus der Reihe: e-fellows.net stipendiaten-wissen

e-fellows.net (Hrsg.)

Band 304

Cloud Computing und Datenschutz

Fabian Janisch

Aus der Reihe: e-fellows.net stipendiaten-wissen

e-fellows.net (Hrsg.)

Band 304

Cloud Computing und Datenschutz

GRIN Verlag

Bibliografische Information der Deutschen Nationalbibliothek: Die Deutsche Bibliothek verzeichnet diese Publikation in der Deutschen Nationalbibliografie; detaillierte bibliografische Daten sind im Internet über http://dnb.d-nb.de/ abrufbar.

1. Auflage 2011
Copyright © 2011 GRIN Verlag GmbH
http://www.grin.com
Druck und Bindung: Books on Demand GmbH, Norderstedt Germany
ISBN 978-3-656-04293-8

Fabian Janisch

Cloud Computing und Datenschutz
Seminararbeit
Rechtsinformatik V

Gliederung:

A. Einleitung 1

B. Cloud Computing – Was ist das? 1

    I. Begriffserläuterung 1

    II. Die verschiedenen Konzepte des Cloud Computing 2

        1. Technische Konzepte 2

            a) Infrastructure as a Service (IaaS) 2

            b) Platform as a Service (PaaS) 3

            c) Software as a Service (SaaS) 3

            d) Abgrenzung 3

        2. Organisationsformen 4

C. Datenschutz und Cloud Computing 4

    I. Anwendbarkeit des BDSG 4

        1. Anwendbarkeit des Datenschutzrechtes generell 4

        2. Anwendbarkeit des nationalen Datenschutzrechts (BDSG) 5

        3. Zwischenergebnis 6

    II. Verbot mit Erlaubnisvorbehalt, § 4 Abs. 1 BDSG 6

        1. Privilegierung durch Auftragsverarbeitung, § 11 BDSG 7

            a) Anwendbarkeit 7

                aa) Cloud Anbieter als Dienstebanbieter i.S.d. TKG 7

                bb) Cloud Computing als Telemdien i.S.d. TMG 7

                cc) Sonstige bereichsspezifische Vorschriften und Zulässigkeitsschranken 8

            b) Voraussetzungen 9

                aa) Personenbezogene Daten 9

                bb) Im Auftrag (Weisungsabhängigkeit, § 11 Abs. 3 BDSG) 9

                    (1) Abgrenzung 9

                       (a) Noch keine Auftragsverarbeitung 9

                       (b) Bereits eine Funktionsübertragung 10

(2) Gegenstand und Inhalt des Auftrages 10

    (a) Nr. 1: Gegenstand und Dauer 10

    (b) Nr. 2: Umfang, Art und Zweck 11

    (c) Nr. 3: Datensicherheitsmaßnahmen, § 9 BDSG 11

    (d) Nr. 4: Berichtigung, Löschung und Sperrung 13

    (e) Nr. 5: Pflichten des Auftragnehmers 13

    (f) Nr. 6: Unterauftragsverhältnisse 14

    (g) Nr. 7: Kontrollrechte des Auftraggebers 14

    (h) Nr. 8: Mitteilungspflichten 15

    (i) Nr. 9: Umfang der Weisungsbefugnis 15

    (j) Nr. 10: Rückgabepflicht in Bezug auf überlassene Datenträger 15

(3) Sonstige Pflichten des Auftraggebers 16

(4) Zusammenfassung 16

cc) Durch andere Stellen 16

    (1) Öffentliche Stellen (§ 1 Abs. 2 Nr. 1 und Nr. 2 BDSG).... 16

    (2) Nicht-öffentliche Stellen (§ 1 Abs. 2 Nr. 3 BDSG) 17

dd) Erheben, verarbeiten oder nutzen 18

ee) Kein Dritter (§ 3 Abs. 8 BDSG) 18

c) Zwischenergebnis 18

2. Andere Erlaubnisnormen 18

a) Einwilligung 19

b) Gesetzliche Erlaubnistatbestände 19

III. Lösungsvorschläge 20

1. Problem: Internationalität 20

a) Cloud Computing nur im EU/EWR-Bereich 20

b) Analoge Anwendung des § 11 BDSG 21

aa) Planwidrige Regelungslücke 21

bb) Vergleichbare Interessenlage 21

cc) Zwischenergebnis.. 22

c) Ergebnis für die Internationalität...22

2. Problem: Vereinbarkeit mit dem BDSG 22

D. Fazit...23

Literaturverzeichnis:

Artikel 29-Datenschutzgruppe, Stellungnahme 1/2010 zu den Begriffen „für die Verarbeitung Verantwortlicher" und „Auftragsverarbeiter" – 00264/10/DE WP 169, 2010, abgerufen am 07.11.2010 unter http://ec.europa.eu/justice/policies/privacy/docs/wpdocs/2010/wp169_de.pdf (zitiert: Artikel 29-Datenschutzgruppe, Stellungnahme)

Bender, Rolf / Kahlen, Christine, Neues Telemediengesetz verbessert den Rechtsrahmen für Neue Dienste und Schutz vor Spam-Mails, MMR 2006, S. 590 ff.

Bergmann, Lutz / Möhrle, Roland / Herb, Armin, Datenschutzrecht. Kommentar, Stand 2010, Stuttgart (zitiert: *Bergmann/Möhrle/Herb*[Erscheinungsjahr])

BITKOM-Leitfaden, hrsg. von Mathias Weber (u.a.), Cloud Computing – Evolution in der Technik, Revolution im Business, 2009, abgerufen am 07.11.2010 unter http://www.bitkom.org/files/documents/BITKOM-Leitfaden-CloudComputing_Web.pdf (zitiert: BITKOM, Cloud)

BSI, BSI-Mindestsicherheitsanforderungen an Cloud-Computing-Anbieter. ENTWURF, 2010, abgerufen am 07.11.2010 unter https://www.bsi.bund.de/SharedDocs/Downloads/DE/BSI/Publikationen/Sonstige/Cloud_Computing_Mindestsicherheitsanforderungen.pdf?__blob=publicationFile#download =1 (zitiert: BSI, BSI-Mindestsicherheitsanforderungen)

Büllesbach, Alfred / Rieß, Joachim, Outsourcing in der öffentlichen Verwaltung, NVwZ 1995, S. 444 ff.

Dammann, Ulrich, Die Vereinigung öffentlicher Stellen nach dem neuen BDSG, RDV 1992, S. 157 ff.

Dammann, Ulrich, Internationaler Datenschutz, RDV 2002, S. 70 ff.

Däubler, Wolfgang / Klebe, Thomas / Wedde, Peter / Weichert, Thilo, Bundesdatenschutzgesetz. Kompaktkommentar zum BDSG, 3. Aufl. 2010, Frankfurt am Main (zitiert: *Bearbeiter*, in: Däubler/Klebe/Wedde/Weichert)

Ehmann, Eugen / Helfrich, Marcus, EG-Datenschutzrichtlinie. Kurzkommentar, 1999 (zitiert: *Ehmann/Helfrich*)

ENISA, Cloud Computing Security Risk Assessment, 2009, abgerufen unter http://www.enisa.europa.eu/act/rm/files/deliverables/cloud-computing-risk-assessment am 07.11.2010 (zitiert: ENISA, Cloud Computing)

Erbs, Georg / Kohlhaas, Max / Ambs, Friedrich, Strafrechtliche Nebengesetze, Beck'sche Kurzkommentar, Band 17, 178. Ergänzungslieferung, München (zitiert: *Erbs/Kohlhaas*, Nebengesetze)

Geis, Ivo, Cloud Archivierung. Eine archivrechtliche und datenschutzrechtliche Bewertung, Hamburg 2009, abgerufen am 07.11.2010 unter http://www.ivo-geis.de/veroeffentlichungen/ArchivierungCloud.pdf (zitiert: *Geis*, Cloud Archivierung)

Gercke, Marco, Strafrechtliche und strafprozessuale Aspekte von Cloud Computing und Cloud Storage, CR 2010, S. 345 ff.

Heghmanns, Michael / Niehaus, Holger, Datenschutz und strafrechtliche Risiken beim Outsourcing durch private Versicherungen, wistra 2008, S. 161 ff.

Heghmanns, Michael / Niehaus, Holger, Outsourcing im Versicherungswesen und der Gehilfenbegriff des § 203 III 2 StGB, NStZ 2008, S. 57 ff.

Herrmann, Wolfgang, Was ist Cloud Computing?, computerwoche.de, 12.12.2008 abgerufen am 07.11.2010 unter http://www.computerwoche.de/management/cloud-computing/1881561/index2.html (zitiert: *Herrmann*, computerwoche.de, 12.12.2008)

Hoenike, Mark / Hülsdunk, Lutz, Outsourcing im Versicherungs- und Gesundheitswesen ohne Einwilligung?, MMR 2004, S. 788 ff.

Hoeren, Thomas / Sieber, Ulrich (Hrsg.), Handbuch Multimedia-Recht. Rechtsfragen des elektronischen Geschäftsverkehrs, 24. Aufl. 2010, München (zitiert: *Bearbeiter*, in: *Hoeren/Sieber*, Multimedia-Recht)

Hoeren, Thomas / Spittka, Jan, Aktuelle Entwicklungen des IT-Vertragsrechts - ITIL, Third Party Maintainance, Cloud Computing und Open Source Hybrids, MMR 2009, S. 583 ff.

Holznagel, Bernd / Bonnekoh, Mareike, Radio Frequency Identification - Innovation vs. Datenschutz?, MMR 2006, S. 17 ff.

Jotzo, Florian, Gilt deutsches Datenschutzrecht auch für Google, Facebook & Co. bei grenzüberschreitendem Datenverkehr?, MMR 2009, S. 232 ff.

Jürgen, Evers / Keine, Lorenz H., Die Wirksamkeitskriterien von Einwilligungsklauseln und die Auslagerung von Finanzdienstleistungen im Sinne des § 11 BDSG, NJW 2003, S. 2726 ff.

Koch, Christian, Scoring-Systeme in der Kreditwirtschaft - Einsatz unter datenschutzrechtlichen Aspekten, MMR 1998, S. 458 ff.

Koch, Frank A., Weltweit verteiltes Rechnen im Grid Computing, CR 2006, S. 42 ff.

Kolberg, Guido, Kippt das Cloud-Konzept? Ausfälle bei Amazon und Google, 2008, abgerufen unter http://www.it-director.de/startseite/itd-news/artikel//kippt-das-cloud-konzept-ausfaelle-bei-amazon-und-google.html am 07.11.2010 (zitiert: *Kolberg*, Kippt das Cloud Konzept?)

Kramer, Philipp / Herrmann, Michael, Auftragsdatenverarbeitung, CR 2003, S. 938 ff.

Lensdorf, Lars / Mayer-Wegelin, Clemens / Mantz, Reto, Outsourcing unter Wahrung von Privatgeheimnissen, CR 2009, S. 62 ff.

Leupold, Andreas, Neue Studie bestätigt: Cloud Computing wird trotz Einsparungspotenzial kritisch beurteilt, MMR-Aktuell 2010, 299236

Möller, Jan / Florax, Björn-Christoph, Datenschutzrechtliche Unbedenklichkeit des Scoring von Kreditrisiken?, NJW 2003, S. 2724 ff.

Müglich, Andreas, Datenschutzrechtliche Anforderungen an die Vertragsgestaltung beim eShop-Hosting-Anspruch, Wirklichkeit und Vollzugsdefizit, CR 2009, S. 479 ff.

Münchener Kommentar zur Zivilprozessordnung mit Gerichtsverfassungsgesetz und Nebengesetzen, hrsg. von Thomas Rauscher, Peter Wax, Joachim Wenzel, 3. Aufl. ab 2004, München (zitiert: MüKo-ZPO/*Bearbeiter*)

Nägele, Thomas / Jacobs, Sven, Rechtsfragen des Cloud Computing, ZUM 2010, S. 281 ff.

Pakalski, Ingo, Sidekick-Ausfall: Klage gegen T-Mobile und Microsoft, 2009, abgerufen unter http://www.golem.de/0910/70525.html am 07.11.2010 (zitiert: *Pakalski*, Siekick-Ausfall)

Schneider, Jochen (Hrsg.), Handbuch des EDV-Rechts, 4. Aufl. 2009, Köln (zitiert: *Bearbeiter*, in: Schneider)

Schulz, Sönke E., Cloud Computing in der öffentlichen Verwaltung – Chancen – Risiken – Modelle, MMR 2010, S. 75 ff.

Schuster, Fabian / Reichl, Wolfgang, Cloud Computing & SaaS: Was sind die wirklich neuen Fragen?, CR 2010, S. 38 ff.

Simitis, Spiros (Hrsg.), Bundesdatenschutzgesetz. NomosKommentar, 6. Aufl. 2006, Baden-Baden (zitiert: *Bearbeiter*, in: Simits)

Singer, Otto, Wissenschaftliche Dienste – Deutscher Bundestag. Aktueller Begriff: Cloud Computing, 2010, abgerufen am 07.11.2010 unter http://www.bundestag.de/dokumente/analysen/2010/cloud_computing.pdf (zitiert: *Singer*, Dienste)

Söbbing, Thomas, Cloud und Grip Computing: IT-Strategien der Zukunft rechtlich betrachtet, MMR 2008, S. XII ff.

Spies, Axel, USA: Cloud Computing: Schwarze Löcher im Datenschutzrecht, MMR 2009, S. XI f.

Steding, Ralf / Meyer, Guido, Outsourcing von Bankdienstleistungen: Bank- und datenschutzrechtliche Probleme der Aufgabenverlagerung von Kreditinstituten auf Tochtergesellschaften und sonstige Dritte, BB 2001, S. 1693 ff.

Sutschet, Holger, Auftragsdatenverarbeitung und Funktionsübertragung, RDV 2004, S. 97 ff.

Taeger, Jürgen / Gabel, Detlev (Hrgs.), Kommentar zum BDSG und zu den Datenschutzvorschriften des TKG und TMG, 1. Aufl. 2010, Frankfurt am Main (zitiert: *Bearbeiter*, in: Taeger/Gabel)

Traeger, Jürgen, Die Entwicklung des Computerrechts, NJW 2010, S. 25 ff.

v.Sponeck, Henning, Überlassung von RZ-Kapazität – Ein Fall der Auftragsdatenverarbeitung, CR 1992, S. 594 ff.

Volle, Peter, Aufwand und Ertrag bei Datensicherungsmaßnahmen gemäß § 9 BDSG, CR 1995, S. 120 ff.

Wächter, Michael, Rechtliche Grundstrukturen der Datenverarbeitung im Auftrag, CR 1991, S. 333 ff.

Weichert, Thilo, Cloud Computing und Datenschutz, 2010, abgerufen am 07.11.2010 unter https://www.datenschutzzentrum.de/cloud-computing/ (zitiert: *Weichert*, Cloud Computing)

Einleitung

Cloud Computing – so heißt der aktuellste Trend der IT-Branche. Steve Ballmer[1] und Rene Obermann[2] bestätigten dies erst wieder auf der „Internationalen Cloud Computing Conference" in Köln, am 6. Oktober 2010.[3] Die aus den USA kommende Entwicklung setzt sich zunehmend auch in Deutschland durch. Dennoch bestehen derzeit rechtliche Probleme, insbesondere in Bezug zur Sicherheit und zum Datenschutz. Letzteres soll hier Gegenstand der Untersuchung sein. Die folgende Ausarbeitung wird sich primär auf Ausführungen zum Bundesdatenschutzgesetzt (BDSG) beschränken. Dabei wird schwerpunktmäßig die Auftragsdatenverarbeitung nach § 11 BDSG behandelt.

Cloud Computing – Was ist das?

Bevor Cloud Computing in rechtlicher Hinsicht betrachtet werden kann, sind der Begriff sowie die unterschiedlichen technischen und organisatorischen Konzepte zu klären.

I. Begriffserläuterung

Eine einheitliche Definition für Cloud Computing existiert nicht.[4] Übersetzt bedeutet es soviel wie „Datenverarbeitung in der Wolke", was keine neuen Erkenntnisse liefert. Deshalb ist durch die Funktionsweise der Begriff zu erläutern.

Bislang speichert der Großteil der Computer-Nutzer seine Daten lokal auf seinen internen oder externen Festplatten sowie auf Servern, die sich in den eigenen Wohn- bzw. Geschäftsräumen befinden. Ausnahmen hiervon sind schon heutzutage E-Mail-Accounts und Websites. Durch das Cloud Computing werden Dokumente, Fotos, Videos, etc. – anders als bisher – nicht mehr auf dem heimischen Rechner abgelegt, sondern irgendwo „in der Wolke", womit über die ganze Welt verteilte Datenzentren gemeint sind. Die Internetnutzer können dann überall und mit allen Geräten auf ihre Daten zugreifen und mit anderen Nutzern teilen. Wo die Daten tatsächlich (physisch) gespeichert sind, spielt für den Nutzer keine Rolle[5] und ist für ihn nicht mehr sicher feststellbar[6]; irgendwo in der Wolke, bei sehr unterschiedlichen Servern bzw. Serverfarmen, die einem bestimmten Anbieter, aber auch unterschiedlichen Anbietern gehören können, und innerhalb des Systems beliebig verschoben werden können.

---

[1] Derzeitig: CEO von Microsoft.
[2] Derzeitig: Vizepräsident des BITKOM e.V. und Vorstandsvorsitzender der Deutschen Telekom.
[3] Vgl. dazu die Pressemitteilung und den Videoclip auf http://www.cloud-practice.de/news/steve-ballmer-und-rene-obermann-geben-startschuss-fuer-portal (Stand: 17.01.2011 09:25).
[4] So auch *Schuster/Reichl*, CR 2010, 38 (38); *Niemann/Paul*, K&R 2009, 444 (445); *Herrmann*, computerwoche.de, 12.12.2008; vgl. die verschiedenen Definition bei *Söbbing*, MMR 2008, XII (XII).
[5] *Gercke*, CR 2010, 345 (348); *Obenhaus*, NJW 2010, 651 (651); *Nägele/Jacobs*, ZUM 2010, 281 (281); *Schuster/Reichl*, CR 2010, 38 (40).
[6] *Hoeren/Spittka*, MMR 2009, 583 (589); *Leupold*, MMR-Aktuell 2010, 299236.

Der Grundgedanke beim Cloud Computing ist, zusammengefasst, dass alle Anwendungen dezentral im Web laufen.[7] Technische Grundlage ist dabei die Entkoppelung der Soft- von der Hardware (Virtualisierung).[8] Office-Tools, E-Mail-Konten, Kalender und weitere Programme laufen plattformunabhängig im Webbrowser, ohne dass es dazu einer besonderen Client-Software bedürfe. Alle Programme und Daten lagern auf den Anbieter-Servern und werden je nach Bedarf geladen. Deshalb wird oftmals der treffende metaphorische Vergleich zwischen Cloud Computing und dem Bezug von Strom „aus der Steckdose" gezogen.[9] Den Kunden werden auf Anforderung zeitnah dynamisch skalierbare Software- und Hardware-Ressourcen im jeweils benötigten Umfang zur Verfügung gestellt („elastic scale").[10] Ist der zunächst genutzte Server ausgelastet, wird automatisch ein anderer Server weltweit genutzt. Reichen die Ressourcen eines Anbieters nicht aus, kann er weitere Kapazitäten bei den jeweiligen Anbietern buchen und in seine Cloud integrieren. Der Kunde merkt hiervon nichts. So können etwa Spitzenlasten anpassungsflexible bewältigt werden, ohne dass es einer inhouse IT bedarf, die in den Nebenzeiten ebenso viel Rechenleistung und Software bereithalten müsste. Im Grunde handelt es sich beim Cloud Computing um IT Outsourcing.[11] Der elementare Vorteil liegt auf der Hand. Es ermöglicht eine Umverteilung von Investitions- zu (bedarfsgesteuerten bzw. variablen) Betriebsaufwand.[12]

II. Die verschiedenen Konzepte des Cloud Computing

Cloud Computing ist kein homogenes Gebilde, sondern ein System, eine Wolke, bestehend aus verschiedenen Leistungen.

1. Technische Konzepte

In technischer Hinsicht hat sich die Einteilung in die drei Formen[13] Infrastructure as a Service, Platform as a Service sowie Software as a Service weitgehend durchgesetzt.

a) Infrastructure as a Service (IaaS)

Infrastructure as a Service (IaaS) beschreibt die Bereitstellung von IT-Infrastruktur über das Internet – in Form von Rechenleistung und Speicherplatz. Dabei zeigt es Parallelen zum älteren Grid-Computing auf.[14] Beim IaaS nutzt ein Kunde Server, Storage, Netz-

---

[7]   Statt aller *Spies*, MMR 2009, XI (XI); *Obenhaus*, NJW 2010, 651 (651).
[8]   Vgl. dazu *Pohle/Ammann*, CR 2009, 273 (274) m.w.N; *Nägele/Jacobs*, ZUM 2010, 281 (281).
[9]   So *Pohle/Ammann*, CR 2009, 273 (273) m. umf. N.
[10] *Traeger*, NJW 2010, 25; *Nägele/Jacobs*, ZUM 2010, 281 (281); *Pohle/Ammann*, CR 2009, 273 (273).
[11] So *Schuster/Reichl*, CR 2010, 38 (30); BITKOM, Cloud, S. 48; zu den Unterschieden zum klassischen IT-Outsourcing BSI, BSI-Mindestsicherheitsanforderungen, S. 5.
[12] BITKOM, Cloud, S. 17; vgl. ferner *Pohle/Ammann*, K&R 2009, 625 (626) m.w.N.
[13] Statt vieler *Nägele/Jacobs*, ZUM 2010, 281 (282); a.A. *Schuster/Reichel*, CR 2010, 38 (38 f.) die zwischen fünf Formen unterscheiden.
[14] Vgl. *Koch*, CR 2006, 42; *Söbbing*, MMR 2008, XII; zum Grid Computing *Schneider*, in: ders., S. 147.

werk und die übrige Rechenzentrums-Infrastruktur als abstrakten, virtualisierten Service, nicht jedoch die für die Anwendung erforderliche Applikationssoftware.[15] Ein Beispiel ist Amazon Elastic Cloud Computing (EC2) als Teil der Amazon Web Services.[16]

b) Platform as a Service (PaaS)

Platform as a Service (PaaS) liefert Anwendungs-Infrastruktur in Form von technischen Frameworks (Datenbanken und Middleware). Die primäre Zielgruppe sind Software-Architekten und Anwendungsentwickler. PaaS-Elemente enthalten die Azure Services Platform von Microsoft[17] oder die App Engine von Google[18].

c) Software as a Service (SaaS)

Software as a Service (SaaS) ist eine Form des Cloud Computing, bei der Nutzer eine Applikation über das Internet beziehen, ohne dass die Software auf dem Rechner des Nutzers installiert sein muss.[19] Die Software ist auf (fremde) Rechner ausgelagert und wird virtuell genutzt. Dabei werden Infrastruktur-Ressourcen und Applikation zu einem Gesamtbündel kombiniert. SaaS beinhaltet alle für die Nutzung notwendigen Komponenten (Hard- und Software (Lizenzen), Wartung und Betrieb). Anders als beim Application Service Providing (ASP)[20] bietet der Dienstleister beim SaaS-Modell nicht für jeden Kunden eine eigene Installation auf einem bestimmten Server bzw. Serverfarm an (single tenancy); hier nutzen alle Kunden dieselbe Anwendung und Infrastruktur (multi tenancy).[21] Ein Beispiel hierfür ist Google Apps[22].

d) Abgrenzung

Das Wesen von Cloud Computing liegt in der Bündelung mehrerer dieser IT-Leistungen, wobei diese von einem oder von einem Netzwerk von Anbietern innerhalb der Cloud erbracht werden können.[23] Deshalb ist eine trennscharfe Abgrenzung der Dienste teilweise nicht möglich[24] und auch nicht zielführend. Für die datenschutzrechtliche Beurteilung ist ferner der Vertragstyp des Cloud Computing unerheblich.[25]

---

[15] Vgl. *Nägele/Jacobs*, ZUM 2010, 281 (282); *Spies*, MMR 2009, XI (XI).
[16] Siehe dazu http://aws.amazon.com (Stand: 17.01.2011 09:25).
[17] http://www.microsoft.com/windowsazure/ (Stand: 17.01.2011 09:25).
[18] http://code.google.com/intl/de-DE/appengine/ (Stand: 17.01.2011 09:25).
[19] Vgl. *Singer*, Dienste, S. 1; *Nägele/Jacobs*, ZUM 2010, 281 (282); BITKOM, Cloud, S. 27.
[20] Vgl. dazu *Sedlmeier/Kolk*, MMR 2002, 75 (75 f.); *Söbbing*, MMR 2008, XII (XII); *Bohne/Müller*, in: *Hoeren/Sieber*, Multimedia-Recht, 12.3 Rn. 64 ff.
[21] Vgl. dazu *Obenhaus*, NJW 2010, 651 (651); *Nägele/Jacobs*, ZUM 2010, 281 (281 f.) m.w.N.
[22] http://www.google.com/apps/intl/de/business/index.html (Stand: 17.01.2011 09:25).
[23] So auch *Herrmann*, computerwoche.de, 12.12.2008; *Niemann/Paul*, K&R 2009, 444 (445).
[24] *Niemann/Paul*, K&R 2009, 444 (445).
[25] Vgl. dazu *Söbbing*, MMR 2008, XII (XIV); *Niemann/Paul*, K&R 2009, 444 (446 f.) m.w.N.; vgl. zum ASP-Modell BGH MMR 2007, 243 (244) m.w.N.; *Sedlmeier/Kolk*, MMR 2002, 75 (75 ff.).

2. Organisationsformen

Bei den Organisationsformen lassen sich Public und Private Clouds unterscheiden. Die Hybrid Cloud, die nur eine Gemengelage zwischen den beiden anderen darstellt, aber als eigene Organisationsform anerkannt ist, wird hier ebenfalls erläutert.

- **Private Clouds:**

Private Clouds sind unternehmenseigene und von diesem Unternehmen selbst betriebene Cloud-Umgebungen. Der Zugang ist auf autorisierte Personen beschränkt und der Zugriff erfolgt grundsätzlich über ein Intranet (Virtual Private Network-Verbindung).[26]

- **Public Clouds**

Eine Public Cloud ist hingegen eine sich im Eigentum eines (externen) IT-Dienstleisters befindliche und von diesem betriebene Cloud-Umgebung. Der Zugriff erfolgt in der Regel über das Internet, bei dem sich viele Kunden eine virtualisierte Infrastruktur teilen. Die Nutzung erfolgt flexibel und schnell durch Subskription. Auf die Form und den physischen Ort der Datenhaltung hat der Nutzer normalerweise keinen Einfluss.[27]

- **Hybrid Clouds**

Hybrid Clouds sind Nutzungskombinationen von Private und Public Clouds sowie von traditioneller IT-Umgebung. Microsoft sowie BITKOM halten diese Mischform als die Organisationsform, die auf absehbarer Zeit überwiegend genutzt wird.[28]

Datenschutz und Cloud Computing

Nur wenn das Datenschutzrecht generell und im Besonderen das BDSG anwendbar sein sollte, könnte eine Auftragsdatenverarbeitung nach § 11 BDSG vorliegen.

I. Anwendbarkeit des BDSG

Die Anwendbarkeit ist in zweierlei Hinsicht zu überprüfen. Zuerst müsste das Datenschutzrecht generell und dann das nationale, das BDSG, einschlägig sein.

1. Anwendbarkeit des Datenschutzrechtes generell

Bei den Daten in der Wolke müsste es sich um personenbezogene Daten handeln (§ 1 Abs. 1 BDSG). Eine Legaldefinition des Begriffs der personenbezogenen Daten findet sich in § 3 Abs. 1 BDSG und in einer der Gesetzesnovellen zugrundeliegenden Richtlinie 95/46/EG[29] (EU-DSRL) in Art. 2 lit. a). Danach sind personenbezogenen Daten Einzelangaben über persönliche oder sachliche Verhältnisse einer bestimmten oder bestimmbaren natürlichen Person.

---

[26] BITKOM, Cloud, S. 30.
[27] BITKOM, Cloud, S. 30.
[28] Vgl. dazu *Pohle/Ammann*, CR 2010, 273 (274) m.w.N.; BITKOM, Cloud, S. 30 f.
[29] ABl. EG Nr. L 281 v. 23.11.1995, S. 31 ff.

Einzelangaben sind Informationen, die sich auf eine bestimmte – einzelne – natürliche Person beziehen oder geeignet sind, einen Bezug herzustellen.[30] Das können etwa Angaben zu Kunden, Lieferanten oder sonstigen Geschäftspartner sein. Diese Angaben können zum Beispiel neben dem Namen und der Anschrift, der vertraglichen Beziehungen zu Dritten auch aus der Zugehörigkeit – bewerkstelligt durch sog. Scoring – einer Person zu einer nach bestimmten Kriterien zusammengestellten und bewerteten Gruppe (z.B. Kreditwürdigkeit) bestehen.[31] Bei Angaben über juristische Personen (GmbH, AG, etc.) oder Personengesellschaften (KG, GbR, etc.) ist das BDSG unanwendbar („natürliche Person"), es sei denn, die Angaben beziehen sich auf eine „dahinter" stehende natürliche Person; d.h. sie „schlagen" auf sie „durch".[32] Das kann insbesondere bei einer „Ein-Mann-GmbH" oder einer Einzelfirma der Fall sein.[33] Dann können etwa die Finanzdaten des „Unternehmens" auch personenbezogen sein.

Demnach handelt es sich bei den Daten in der Cloud in der Regel um personenbezogene Daten. Nur bei einer Anonymisierung dieser – vor Nutzung der Cloud – liegt kein Personenbezug mehr vor (§ 3 Abs. 6 BDSG). Weiterhin könnten die Datensätze, die je nach freier Rechen- und Speicherkapazität (aufgeteilt) abgespeichert werden, womöglich als Einzelteile keine personenbezogenen Daten mehr darstellen, sondern nur im zusammengesetzten Zustand.[34] Das dürfte aber wohl zu vernachlässigen sein, da bereits Einzelangaben für das Erfordernis der persönlichen Daten ausreichend sind.

2. Anwendbarkeit des nationalen Datenschutzrechts (BDSG)

Nach dem vom Territorialitätsprinzip geprägten europäischen und deutschen Datenschutz (Art. 4 EU-DSRL, § 1 Abs. 5 BDSG) richtet sich die datenschutzrechtliche Verantwortung grundsätzlich nach dem Recht des Staates, in dem die Daten erhoben oder verarbeitet werden.[35] Es kommt also auf die Anwendbarkeit des BDSG darauf an, ob der jeweilige Server des Cloud Dienstes datenschutzrechtlich relevante Handlungen im Inland vornimmt, bei Cloud Anbieter aus einem Mitgliedstaat der Europäischen Union oder aus einem Vertragsstaat des Abkommens über den Europäischen Wirtschaftsraum nur soweit das durch eine Niederlassung im Inland erfolgt (§ 1 Abs. 5 S. 1 BDSG).

---

[30] *Gola/Schomerus*, in: dies., § 3 Rn. 3.
[31] Vgl. allg. dazu *Gola/Schomerus*, in: dies., § 3 Rn. 3 ff. und speziell zum Scoring *Möller/Florax*, NJW 2003, 2724 (2724 f.); *Koch*, MMR 1998, 458; alle m.w.N.
[32] *Gola/Schomerus*, in: dies., § 3 Rn. 11 f.; *Dammann*, in: Simitis, § 3 Rn. 43.
[33] Vgl. dazu BGH, NJW 1986, 2505; *Gola/Schomerus*, in: dies., § 3 Rn. 11a m.w.N.; ferner *Dammann*, in: Simitis, § 3 Rn. 44 mit weiteren Beispielsfällen.
[34] So jedenfalls *Nägele/Jacobs*, ZUM 2010, 281 (289); *Spies*, MMR 2009, XI (XI f.).
[35] Vgl. auch *Niemann/Paul*, K&R 2009, 444 (448); *Nägele/Jacobs*, ZUM 2010, 281 (289).

Es lässt sich bei dem (so üblichen) grenzüberschreitenden Cloud Computing aber oftmals nicht sicher feststellen, auf welchem der weltweit verstreuten Server sich die Daten zu welchem Zeitpunkt befinden (s.o.). Dadurch entstehen die Möglichkeit des „forum shopping"[36] und die Gefahr, dass sich ein Richter für unzuständig erklärt. Sei es doch möglich den Aufenthaltsort der Daten herauszufinden, kann sich dieser, und damit eventuell auch das anwendbare Recht, innerhalb von Millisekunden wieder ändern.[37] Deshalb wird insoweit darüber diskutiert, ob an dem Territorialitätsprinzip festgehalten werden soll.[38] Das soll hier aber nicht näher betrachtet werden.

3. Zwischenergebnis

Ungeachtet der teilweise zweifelhaften bzw. kaum nachweisbaren Anwendbarkeit des BDSG, ist dies für die weitere Bearbeitung anzunehmen.

II. Verbot mit Erlaubnisvorbehalt, § 4 Abs. 1 BDSG

Aufgrund der Anwendung des BDSG gilt in der Regel das Verbot mit Erlaubnisvorbehalt gem. § 4 Abs. 1 BDSG. Deshalb müsste bei der Cloud Nutzung grundsätzliche eine Einwilligung des Betroffenen oder ein gesetzlicher Erlaubnistatbestand vorliegen. Dabei bedeutet Cloud Nutzung, dass es sich um eine externe Cloud, die nicht mit einer Public Cloud gleichzusetzen ist, handelt. Ein externer Cloud Anbieter ist jeder Dritte, jede natürliche oder juristische Person außerhalb der verantwortlichen Stelle, mit der Ausnahme des Betroffenen (§ 3 Abs. 8 BDSG).[39] Selbst das in einer Tochtergesellschaft ausgelagerte Rechenzentrum, das zwar eine unternehmenseigene (Privat) Cloud zur Verfügung stellt, ist – trotz seiner Konzernzugehörigkeit – Dritter (im datenschutzrechtlichen Sinn) und somit ein externer Cloud Provider.[40] Unselbstständige Zweigstellen eines Unternehmens oder Teile einer Behörde sind in der Regel jedoch keine Dritten.[41]

Das BDSG enthält für die sog. Auftragsverarbeitung (§ 11 BDSG) die Fiktion, dass Dritte (externe Cloud Anbieter) – unter bestimmten Voraussetzungen – keine Dritten im Sinne des Gesetzes sind. Das hätte zur Folge, dass die Übertragung und Nutzung von Daten beim Cloud Computing keine datenschutzrechtliche Relevanz hätte und dies somit auch keiner Einwilligung oder einer gesetzlichen Ermächtigung bedürfte.[42]

---

[36] Vgl. dazu MüKo-ZPO/*Patzina*, § 12 Rn. 102 m.w.N.
[37] So auch *Nägele/Jacobs*, ZUM 2010, 281 (290); *Spies*, MMR 2009, XI (XII).
[38] Vgl. *Nägele/Jacobs*, ZUM 2010, 281 (289 f.); *Jotzo*, MMR 2009, 232; *Spies*, MMR 2009, XI (XII); *Niemann/Paul*, K&R 209, 444 (448 f.).
[39] Näheres *Gola/Schomerus*, in: dies., § 3 Rn. 52; ferner BITKOM, Cloud, S. 51.
[40] Vgl. BITKOM, Cloud, S. 51.
[41] *Gola/Schomerus*, in: dies., § 3 Rn. 52, § 2 Rn. 6 ff.
[42] Vgl. *Niemann/Paul*, K&R 2009, 444 (449); BITKOM, Cloud, S. 51 f.

1. Privilegierung durch Auftragsverarbeitung, § 11 BDSG

Es müsste eine Auftragsverarbeitung (§ 11 BDSG) zwischen dem Auftraggeber, dem Cloud Nutzer, und dem Auftragnehmer, dem Cloud Anbieter, vorliegen. Dafür ist zunächst erforderlich, dass § 11 BDSG auf das Cloud Computing anwendbar ist.

a) Anwendbarkeit

Der rechtlichen Bewertung von Cloud Diensten könnte ein spezielleres Gesetz (als das BDSG) zugrundeliegen, wodurch dieses (nach dem Rechtsgedanken *lex specialis derogat legi generali*) vorgehen würde. Das BDSG greift das auf und erklärt sich in § 1 Abs. 3 BDSG ausdrücklich subsidiär zu anderen Datenschutzvorschriften.

aa) Cloud Anbieter als Dienstebanbieter i.S.d. TKG

Falls der Cloud Anbieter ein Diensteanbieter i.S.d. § 3 Nr. 24 TKG ist, könnten die §§ 91 ff. TKG vorrangig sein. Telekommunikationsdienste sind solche, die ganz oder überwiegend in der Übertragung von Signalen über Telekommunikationsnetze bestehen. Dabei ist für die gegenüber dem Kunden erbrachte Dienstleisung die Außenschnittstelle (der Leistungsübergabepunkt) maßgeblich.[43] Erbringt der Dienstleister daher seine Leistungen (aus Kundensicht) hinter dem Leistungsübergabepunkt – also innerhalb der Cloud – mit Hilfe telekommunikationstechnischer Mittel (z.B. Datenübermittlung zwischen Servern), so ist dies für die Beurteilung als Telekommunikationsdienst gegenüber dem Kunden unbeachtlich. Eine andere Bewertung wäre nur zulässig, wenn der Schwerpunkt des Dienstes in der telekommunikationstechnischen Übertragung selbst liegt (z.B. VoIP-Angeboten).[44] Das ist nach bisherigem Verständnis aber nicht Inhalt des Cloud Computing, weshalb diese Dienste kein Telekommunikationsdienste sind.

bb) Cloud Computing als Telemdien i.S.d. TMG

Die in §§ 11 ff. TMG enthaltenen Datenschutzbestimmungen könnten den Vorschriften des BDSG vorgehen (§ 1 Abs. 3 BDSG i.V.m. § 12 Abs. 3 TMG). Dafür müsste es sich bei den Cloud Computing Services zunächst um Telemedien handeln.

Telemedien sind gem. § 1 Abs. 1 TMG alle elektronischen Informations- und Kommunikationsdienste, die – was bei Cloud Dienste zutrifft – nicht ausschließlich der Telekommunikation oder dem Rundfunk dienen. Hierzu gehören etwa Suchmaschinen oder Onlineangebote von Waren/Dienstleistungen mit unmittelbarer Bestellmöglichkeit.[45] Letzteres unterscheidet sich beim ersten Blick kaum zum System des Cloud Computing. Dennoch stellt die bei den Telemedien ebenfalls erfolgende Softwarenutzung eine Hilfs-

---

[43] *Schuster/Reichl*, CR 2010, 38 (42).
[44] *Schuster/Reichl*, CR 2010, 38 (42).
[45] BT-Drs. 16/3078, S. 13; *Jotzo*, MMR 2009, 232 (234); *Bender/Kahlen*, MMR 2009, 590 (590 f.).

funktion dar, während sie beim Cloud Computing eine der vom Provider bereitgestellten Hauptleistungen ist.[46] Dieses Argument ist, falls Online-Rollenspiele wie „World of Warcraft" und „Second Life" Telemedien sein sollten[47], nicht haltbar.[48] Dagegen, dass Cloud Dienste Telemedien sind, spricht auch, dass Teledienste ihrem Charakter nach der Individualkommunikation dienen, Cloud Dienste hingegen in der Regel nicht.[49]

cc) Sonstige bereichsspezifische Vorschriften und Zulässigkeitsschranken

Neben den Vorschriften des BDSG bei der Auftragsvergabe sind womöglich vorrangige bereichsspezifische Vorschriften zu beachten.

Eine spezielle Aussage zu Sozialdaten enthält § 80 SGB X, der fast dem § 11 BDSG entspricht, aber u.a. die Vergabe solchen Aufträgen an nicht-öffentliche Stellen an besondere Voraussetzungen knüpft. Steuerlich relevante Aufzeichnungen dürfen gem. § 146 Abs. 2 S. 1 AO grundsätzlich nur im Inland, im EU/EWR-Raum nur per Bewilligung aller Finanzbehörden, in denen Server der Cloud belegen sind, (Abs. 2a) und außerhalb dessen nur unter Härtegesichtspunkten (§ 148 AO) geführt werden.[50] Die dem Steuergeheimnis unterliegenden Daten (§ 30 AO) dürfen ferner nur von öffentlichen Stellen verarbeitet werden.[51] Auch könnten Regelungen im Finanzsektor einer Nutzung von Cloud Diensten im Bereich des Kreditwesens (§ 25a Abs. 2 KWG), der Wertpapiere (§ 33 WpHG), der Fonds (§ 16 InvG) und der Versicherungen (§ 64a VAG) entgegenstehen.[52] Eine Public Cloud dürfte wegen der begrenzten Eingriffsmöglichkeiten des Nutzers den Anforderungen wohl nicht gerecht werden.[53]

Besteht wie bei Rechtsanwälten, Ärzten und Versicherungsunternehmen im medizinischen Bereich (Kranken-/Lebensversicherung) ferner einer Verschwiegenheitspflicht nach § 203 StGB, könnte die Cloud Nutzung gar strafbar sein, wenn keine ausdrückliche Einwilligung des Betroffenen vorliegt.[54] Der Cloud Anbieter wird aber – was umstritten ist – zunehmend als ein Gehilfe i.S.d. § 203 Abs. 3 S. 2 StGB angesehen, wenn die Voraussetzungen des § 11 BDSG erfüllt sind.[55] Die Folge wäre Straflosigkeit.

---

[46] So auch *Schuster/Reichl*, CR 2010, 38 (42).
[47] So jedenfalls *Jotzo*, MMR 2009, 232 (243).
[48] Das verkennen *Schuster/Reichl*, CR 2010, 38 (42).
[49] So auch *Schuster/Reichl*, CR 2010, 38 (42).
[50] Vgl. dazu *Niemann/Paul*, K&R 2009, 444 (450 f.) m.w.N.; *Weichert*, Cloud Computing, Nr. 2.
[51] *Walz*, in: Simits, § 11 Rn. 38 m.w.N.; *Büllesbach/Rieß*, NVwZ 1995, 444 (447 f.)
[52] Vgl. *Steding/Meyer*, BB 2001, 1693 (1693 ff.); *Niemann/Paul*, K&R 2009, 444 (451).
[53] So auch *Niemann/Paul*, K&R 2009, 444 (451).
[54] Vgl. dazu OLG Düsseldorf, CR 1997, 536; ferner BSG, CR 2009, 460.
[55] *Niemann/Paul*, K&R 2009, 444 (451); *Heghmanns/Niehaus*, wistra 2008, 161; *Heghmanns/Niehaus*, NStZ 2008, 57 m.w.N.; vgl. ferner *Hoenike/Hülsdunk* MMR 2004, 788; *Lensdorf/Mayer-Wegelin/Mantz*, CR 2009, 62.

b) Voraussetzungen

§ 11 BDSG setzt voraus, dass personenbezogene Daten (aa) im Auftrag (bb) durch andere Stellen (cc) erhoben, verarbeitet oder genutzt werden (dd). Nach der Fiktion des BDSG sind Auftragnehmer und -geber eine rechtliche Einheit, weshalb der Auftragnehmer kein Dritter (ee) sein darf (vgl. § 3 Abs. 8 S. 3 BDSG).[56]

aa) Personenbezogene Daten

Personenbezogene Daten liegen in der Regel vor (s.o).

bb) Im Auftrag (Weisungsabhängigkeit, § 11 Abs. 3 BDSG)

Der Auftragnehmer müsste im Auftrag handeln. Dabei ist entscheidend, dass der Auftraggeber bei der Nutzung von Cloud Computing Diensten immer noch sozusagen „Herr der Daten" bleibt, also alleine über die Erhebung, Verarbeitung oder Nutzung bestimmt.[57] Der Cloud Anbieter darf als Beauftragter also nur der „verlängerte Arm" des Cloud Nutzers sein. Dieses Verhältnis muss von der Weisungsgebundenheit des Cloud Anbieters charakterisiert sein (§ 11 Abs. 3 BDSG, Art. 17 Abs. 3 EU-DSRL).

(1) Abgrenzung

Bei diesem Weisungsverhältnis lassen sich zwei Formen von der Auftragsverarbeitung nach § 11 BDSG abgrenzen Zum einen, der Fall, bei dem noch keine Auftragsverarbeitung vorliegt und zum anderen, dass bereits eine Funktionsübertragung stattfindet.

(a) Noch keine Auftragsverarbeitung

Stellt ein Rechenzentrum einem Kunden seine Anlage ganz oder teilweise zur Verfügung und nutzt dieser sie online im Wege abgeschotteter Datenverarbeitung, liegt nach einer Ansicht[58] keine Auftragsdatenverarbeitung, sondern ggf. nur eine Miete von fremden DV-Anlagen vor. Cloud Computing ist aber mehr. Denn es handelt sich dabei um eine dynamische Bereitstellung von Hard- und Software (s.o.). Selbst bei einer reinen IaaS Nutzung, die sich im Grundsatz nicht stark von der bloßen Miete einer DV-Anlage unterscheidet, hat der Cloud Nutzer nicht die alleinige und ausschließliche Entscheidung darüber, in welcher Weise die personenbezogenen Daten verarbeitet werden. Die Daten befinden sich nach der Übermittlung (irgendwo) in der Wolke. Ferner sorgt das Rechenzentrum – als Cloud Anbieter – nicht nur für die Einsatzbereitschaft des Systems, sondern wohl auch für die Applikation in der Cloud.[59]

---

[56] Vgl. dazu *Gola/Schomerus*, in: dies., § 11 Rn. 3 f.; *Weichert*, Cloud Computing, Nr. 6.

[57] *Evers/Kiene*, NJW 2003, 2726 (2727); *Gola/Schomerus*, in: dies., § 11 Rn. 3

[58] So *Gola/Schomerus*, in: dies., § 11 Rn. 8; *v.Sponeck*, CR 1992, 594; a.A. *Walz*, in: Simits, § 11 Rn. 14.

[59] So jedenfalls *Schuster/Reichl*, CR 2010, 38 (40).

(b) Bereits eine Funktionsübertragung

Sobald dem Auftragnehmer eine eigenständige „rechtliche Zuständigkeit" für die Aufgabe zugewiesen wird, er also über die reine Datenverarbeitung hinaus weitere Funktionen in selbstständiger Erledigung übernehmen würde (sog. Funktionsübertragung)[60], liegt keine Auftragsverarbeitung (mehr) vor. Wichtiges Abgrenzungskriterium ist diese Entscheidungsbefugnis über die Daten und die datenschutzrechtliche Verantwortlichkeit. Das ist beim Cloud Computing dem Grunde nach der Nutzer, da der Anbieter reine Hilfs- und Unterstützungsfunktionen erfüllt. Dennoch ist bei der Art und Weise der Datenverarbeitung, insbesondere bei dem Speicherort der Daten, der Cloud Nutzer einer Public Cloud kaum (bis gar nicht) mehr der „Herr der Daten". Die Daten befinden sich in der Wolke. Nichtsdestotrotz ist der Cloud Anbieter lediglich ein „verlängerter Arm" des Cloud Nutzers, indem dieser keinerlei (eigene) Aufgaben übernimmt, außer diejenigen, die er durch die Weisung des Nutzers erhält. Cloud Computing Dienste beschränken sich auf die praktisch-technische Durchführung.[61] Die ggf. in dem Weisungsverhältnis vorhandenen Lücken können vertraglich bzw. durch Optionsangebote, die dem Nutzer die Auswahl bestimmter Ressourcen, Orte (Länder), Sicherheitsniveaus sowie sonstiger Anbieter- und Nutzungsmerkmale eröffnen, kompensieren werden.[62]

(2) Gegenstand und Inhalt des Auftrages

Für das Auftragsverhältnis ist weder eine bestimmte Rechtsform notwendig, noch ist es i.S.d. §§ 662 ff. BGB zu verstehen.[63] Der Auftrag ist schriftlich abzuschließen (§ 11 Abs. 2 S. 2 BDSG). Falls die Schriftform konstitutiv sein sollte (§ 125 BGB)[64], müsste jeder Cloud Nutzer diesem nachkommen, um § 11 BDSG erfüllen zu können. Die zu regelnden Vorgaben sind zwar nicht abschließend („insbesondere"), aber, wie sich aus den Bußgeldvorschriften (§ 43 BDSG) ergibt, als Mindestanforderung verbindlich.

(a) Nr. 1: Gegenstand und Dauer

Der Auftragsgegenstand und die Dauer des Auftragsverhältnisses sind regelmäßig ohnehin durch den der Geschäftsbeziehung zu Grunde liegenden (Haupt-)Vertrag bzw. in sog. Service Level Agreements (SLAs) geregelt. Insoweit kann hinsichtlich der entsprechenden Festlegungen auf diese Vereinbarungen verwiesen werden.

---

[60] *Gola/Schomerus*, in: dies., § 11 Rn. 9; *Walz*, in: Simits, § 17 ff.; *Bergmann/Möhre/Herb*[2009], § 11 Rn. 11 ff.; vgl. ferner *Wächter*, CR 1991, 333; *Kramer/Herrmann*, CR 2003, 938 (939); Artikel 29 – Datenschutzgruppe, Stellungnahme, mit Beispielen; krit. hierzu *Sutschet*, RDV 2004, 97.
[61] Vgl. *Bergmann/Möhre/Herb*[2009], § 11 Rn. 12.
[62] So auch *Weichert*, Cloud Computing, Nr. 9
[63] *Gola/Schomerus*, in: dies., § 11 Rn. 6.
[64] So *Gola/Schomerus*, § 11 Rn. 17; *Wedde*, in: Däubler/Klebe/Wedde/weichert, § 11 Rn. 32; *Müglich*, CR 2009, 479 (483); a.A. *Gabel*, in: Taeger/Gabel, § 11 Rn. 54; *Ehmann/Helfrich*, Art. 17 Rn. 14.

10

(b) Nr. 2: Umfang, Art und Zweck

Nach der Nr. 2 sind folgende Punkte schriftlich zu fixieren:

- Umfang, Art und Zweck der Datenverwendung

- Art der Daten

- Kreis der Betroffenen

Die Angaben zum Umfang der Datenverwendung, die an die Ausführungen zur Nr. 1 anknüpfen und diese ergänzen bzw. konkretisieren, werden durch die vorgesehene Art der Datenverwendung (z. B. automatisierte Auftragserhebung) und die konkrete Zweckbestimmung (vgl. § 28 Abs. 1 S. 2 BDSG) mitbestimmt.[65]

Für den Begriff der Datenart findet sich – außer der Bestimmung der besonderen Arten personenbezogener Daten in § 3 Abs. 9 BDSG – keine Definition. Als Datenarten kommen etwa Mitarbeiter-, Kunden- und Lieferantendaten in Betracht, wobei dadurch auch bereits der Kreis der Betroffenen skizziert wird. Daten, die im Rahmen der Auftragsdatenverarbeitung nur beiläufig anfallen (z. B. Protokolldateien von in dem Auftrag involvierten Mitarbeitern), sind nicht erfasst.[66]

Für den schriftlichen Vertrag kann gegebenenfalls auf bereits vorhandene Vereinbarungen verwiesen werden. Aufgrund dessen, dass insbesondere die Datenarten und der Kreis der Betroffenen beim (standardisierten) Cloud Computing so derart verschieden sind, wird das aber wohl kaum der Fall sein. Vielmehr stellt sich hier das Problem der genauen Spezifizierung. Insofern sind die entsprechenden Datenmodelle vorerst abstrakt durch den Auftragsvertrag und später konkretisiert durch SLAs festzulegen.

(c) Nr. 3: Datensicherheitsmaßnahmen, § 9 BDSG

Weiterhin bedarf es gem. Nr. 3 der schriftlichen Festlegung der nach § 9 BDSG zu treffenden technischen und organisatorischen Maßnahmen. Das korrespondiert mit dem Gebot der sorgfältigen Auswahl des Auftragnehmers (§ 11 Abs. 2 S. 1 BDSG) sowie mit Satz 4, wonach der Auftraggeber sich vor Beginn der Datenverarbeitung und sodann regelmäßig von der Einhaltung der beim Auftragnehmer getroffenen technischen und organisatorischen Maßnahmen zu überzeugen und das Ergebnis zu dokumentieren hat.

Die nach § 9 BDSG zu treffenden Maßnahmen werden wiederum durch Anlage zu § 9 BDSG konkretisiert.[67] Darin wird die Gewährleistung der Verfügbarkeit, Authentizität

---

[65] Vgl. dazu *Gola/Schomerus*, in: dies., § 11 Rn. 18a.
[66] Vgl. *Gola/Schomerus*, in: dies., § 11 Rn. 18a.
[67] Vgl. *Wedde*, in: Däubler/Klebe/Wedde/Weichert, § 9 Rn. 33 mit Beispielen der Umsetzung.

und Integrität (Datensicherheit) geregelt.[68] Aufgrund der automatisierten Verarbeitung der Daten ist die Anlage für das Cloud Computing anwendbar.

Die Maßnahmen müssen nur getroffen werden, wenn sie „erforderlich" sind, also wenn ihr Aufwand in einem angemessenen Verhältnis zu dem angestrebten Schutzzweck steht.[69] Sowohl Schutzzweck, für welchen die Art der zu verarbeitenden Daten maßgeblich ist, als auch die Feststellung des Aufwandes, meist durch die finanziellen Belastungen bemessen, und somit die zu treffenden Maßnahmen sind – als Produkt einer Risikoanalyse – stets für jeden Einzelfall zu bestimmen.[70] Zumindest muss der Auftraggeber verlangen, dass beim Auftragnehmer die Datenschutzvorkehrungen getroffen werden, die er selbst vornehmen müsste, wenn er die Daten in eigener Regie verarbeiten würde. Von der Anlage zu § 9 BDSG soll wegen der Einzelfallbetrachtung nur auf sechs Punkte, die beim Cloud Computing generell problematisch sind, eingegangen werden.[71]

Bei einer Weitergabekontrolle (Nr. 4) müsste die verantwortliche Stelle gewährleisten, dass personenbezogene Daten nicht unbefugt gelesen, kopiert, verändert oder entfernt werden können, und dass überprüft und festgestellt werden kann, an welche Stellen eine Übermittlung personenbezogener Daten durch Einrichtungen zur Datenübertragung vorgesehen ist. Das ließe sich – beim derzeitigen Verständnis von Cloud Computing – (insbesondere für SaaS oder IaaS Dienste) aber nur schwerlich festlegen. Das gilt auch im Rahmen der Zugriffskontrolle (Nr. 3), bei welcher zu gewährleisten wäre, dass einerseits berechtigte Benutzer ausschließlich auf die ihrer jeweiligen Zugriffsberechtigung unterliegenden Daten zugreifen können, und dass andererseits personenbezogener Daten bei der Verarbeitung, Nutzung und nach der Speicherung nicht unbefugt gelesen, kopiert, verändert oder entfernt werden können. Diese beiden Kontrollen sind ausgelegt auf räumlich abtrennbare und damit physisch absicherbare Speicherorte und geraten bei virtuellen Datenspeichern aufgrund der letztlich mangelnden faktischen Überprüfbarkeit der gebotenen Kontrollen an ihre Grenzen.[72] Dasselbe gilt im Hinblick auf die Durchführung von Zugangskontrollen (Nr. 2), Auftragskontrollen (Nr. 6) und – wie aktuelle Fälle im wieder zeigen[73] – letztlich auch von Verfügbarkeitskontrollen (Nr. 7). Ebenso schwer sind die einzelnen Datenbestände getrennt voneinander zu bearbeiten (Nr. 8), wenn sich die Cloud Nutzer (beim IaaS) Ressourcen eines Computers teilen.

---

[68] So auch *Gola/Schomerus*, in: dies., § 9 Rn. 2.
[69] Ausführlich hierzu *Volle*, CR 1995, 120.
[70] Vgl. *Schultze-Melling*, in: Taeger/Gabel, § 9 Rn. 21 ff. m.w.N.
[71] Umfassend zu allg. Sicherheitsmängeln beim Cloud Computing ENISA, Cloud Computing.
[72] So auch *Schultze-Melling*, in: Taeger/Gabel, § 9 Rn. 98.
[73] Vgl. *Kolberg*, Kippt das Cloud Konzept?; *Pakalski*, Sidekick-Ausfall.

Das elementare Problem ist, dass der Auftraggeber (Cloud Nutzer) zur Einhaltung des § 9 BDSG (Art. 17 Abs. 1 EU-DSRL) Art und Umfang der Datenverarbeitung sowie Ort und Zeit vollständig kennen (beherrschen) müsste.[74] Den Public Clouds ist es indes zu Eigen, dass dem Nutzer (Auftraggeber) die im Einzelnen verwendeten Ressourcen (und damit ggf. die Sub-Auftragnehmer) entweder nicht bekannt oder aber nicht im Vorhinein festlegbar sind. Die Flexibilität und Mobilität der Daten innerhalb der Cloud gestaltet die Umsetzung der Maßnahmen bzw. deren vertraglichen Regelung gar unmöglich. Die mit Verschlüsselungsverfahren durchzuführende Zugriffskontrolle (Anlage (zu § 9 BDSG) Nr. 3 und am Ende) könnten ferner, soweit dies die jeweilige Anwendung bzw. deren Funktionen überhaupt zulassen, eine deutliche Verringerung der Verarbeitungsgeschwindigkeit und ggf. Übertragungsprobleme (etwa durch Beschränkungen auf der Firewall) zur Folge haben.[75] Diese Gründe werden u.a. angeführt, warum § 11 BDSG mit dem derzeitigen System des Cloud Computing nicht funktioniert.[76]

(d) Nr. 4: Berichtigung, Löschung und Sperrung

Ferner sind Einzelheiten bezüglich des Verfahrens der Berichtigung, Löschung und Sperrung von Daten festzuschreiben. Der Auftragnehmer hat sicherzustellen, dass der Auftraggeber als verantwortliche Stelle den entsprechenden Rechten der Betroffenen (vgl. §§ 33 ff. BDSG) tatsächlich nachkommen kann.[77] Dessen uneingeschränkte Umsetzbarkeit müsste er sich (vertraglich) gewährleisten.[78]

(e) Nr. 5: Pflichten des Auftragnehmers

Einer schriftlichen Festlegung bedürfen auch die nach Absatz 4 bestehenden Pflichten des Auftragnehmers, insbesondere die von ihm vorzunehmenden Kontrollen, wie etwa die Auftragskontrolle nach Nr. 6 Anlage zu § 9 BDSG. Der Cloud Anbieter unterliegt demnach dem Datengeheimnis nach § 5 BDSG und hat technische und organisatorische Maßnahmen zum Schutz der Daten zu ergreifen (§ 9 BDSG). Die bestehenden (Public) Cloud Anbieter sind bisher nur nicht-öffentliche Stellen, die als Dienstleistungsunternehmen geschäftsmäßig agieren, weshalb sie desweiteren ggf. einen Datenschutzbeauftragen zu bestellen (§§ 4f, 4g BDSG) haben und den Kontrollbefugnissen der Aufsichtsbehörde (§ 38 BDSG) unterstehen. Diese kann von Amts wegen gegen den Auftragnehmer einschreiten.[79]

---

[74] So auch *Schuster/Reichl*, CR 2010, 38 (41); i.E. auch *Niemann/Paul*, K&R 2009, 444 (449).
[75] So auch *Schuster/Reichl*, CR 2010, 38 (42).
[76] Vgl. *Weichert*, Cloud Computing, Nr. 13; *Schuster/Reichl*, CR 2010, 38 (38).
[77] *Gola/Schomerus*, in: dies., § 11 Rn. 18c.
[78] So auch *Weichert*, Cloud Computing, Nr. 9
[79] *Walz*, in: Simitis, § 11 Rn. 82.

Der Auftragnehmer darf – was bereits Anwendungsvoraussetzung des § 11 BDSG ist (s.o.) – nur im Rahmen der Weisungen des Auftraggebers handeln.[80] Weisungen sind vertragliche Abreden beider Parteien sowie die Einzelanweisungen des Auftraggebers im laufenden Auftragsverhältnis. Wird er darüber hinaus tätig, muss – wegen der Verantwortlichkeit – der Auftraggeber handeln. Der Auftragnehmer hat nach Abs. 3 S. 2 dagegen die Pflicht, den Auftraggeber hinzuweisen, wenn eine dieser Weisungen nach seiner Ansicht ganz oder teilweise gegen Datenschutzvorschriften verstoße. Diesem Hinweis braucht der Auftraggeber nicht zu folgen und der Auftragnehmer darf – und ist ggf. verpflichtet – diesen Auftrag gleichwohl auszuführen, soweit er dafür keine strafbaren Handlungen vornehmen muss oder er sich Schadensersatzpflichtig macht; dazu könnte er vertraglich auch nicht verpflichtet werden.[81]

(f) Nr. 6: Unterauftragsverhältnisse

Auch schriftlich zu regeln sind nach Nr. 6 etwaige Berechtigungen zur Begründung von Unterauftragsverhältnissen, also Dienstleistungen von Subunternehmern, die unmittelbar der Erfüllung des Ursprungsauftrags dienen[82]. Aus dem Wortlaut ist klar ersichtlich, dass lediglich die Berechtigung als solche, nicht aber der einzelne Unterauftragnehmer einer näheren Spezifizierung bedarf. Festgelegt werden sollten das „Ob" und das „Wie", wobei beispielsweise eine Unterbeauftragung auf Weisung bzw. nach schriftlicher Zustimmung des Auftraggebers in Betracht kommt.[83] Selbst im Verhältnis zum Subunternehmer bleibt der Auftraggeber die für die Verarbeitung verantwortliche Stelle. Entsprechend muss der den Unterauftrag vergebende Auftragnehmer die sich aus dem ursprünglichen Auftrag ergebenden Rechte und Pflichten vertraglich an den Subunternehmer durchreichen. Dem Cloud Nutzer sind – nach bisherigem Verständnis – die Sub-Auftragnehmer aber vermutlich gar nicht bekannt, weshalb in der reinen Datenverarbeitung in der Wolke noch keine Weisung des Nutzers zur Weitergabe der Daten an einen anderen Server angenommen werden kann. Sie wäre zu unbestimmt. Der Cloud Anbieter hat daher dem Nutzer alle erdenklichen Unterauftragsverhältnisse darzulegen. Änderungen sind schriftlich miteinander abzustimmen.

(g) Nr. 7: Kontrollrechte des Auftraggebers

Zu den Kontrollrechten des Auftraggebers und den entsprechenden Duldungs- und Mitwirkungspflichten des Auftragnehmers, die nach Nr. 7 schriftlich zu fixieren sind, gehören – je nachdem, wie die Kontrolle durchgeführt werden soll – zumindest die

---

[80] *Walz*, in: Simitis, § 11 Rn. 56 ff.
[81] *Gola/Schomerus*, in: dies., § 11 Rn. 25.
[82] *Gola/Schomerus*, in: dies., § 11 Rn. 18e.
[83] Vgl. *Gola/Schomerus*, in: dies., § 11 Rn. 18e.

Pflicht, auf Aufforderung Auskunft zu erteilen oder Unterlagen etc. vorzulegen.[84] Tatsächliche Kontrollen lassen sich aufgrund der Flexibilität der Clouds kaum realisieren.

(h) Nr. 8: Mitteilungspflichten

Schriftlich zu regeln ist weiterhin, welche Verstöße des Auftragnehmers und seiner Beschäftigten gegen den Datenschutz oder gegen den Auftrag mitzuteilen sind. Erst Recht besteht diese Mitteilungspflicht, wenn bereits eine Aufsichtsbehörde entsprechende Beanstandungen ausgesprochen hat.[85] Insbesondere sollte geregelt sein, dass der Auftragnehmer den Auftraggeber unverzüglich zu informieren hat, wenn Daten nach § 42a BDSG unrechtmäßig übermittelt oder auf sonstige Weise Dritten unrechtmäßig zu Kenntnis gelangt sind.[86] Das ist auch deshalb von besonderer Bedeutung, weil die verantwortliche Stelle ihrerseits Informationspflichten gem. § 42a BDSG unterliegt, wobei deren Verletzung mit einem Bußgeld belegt werden kann. Es sollte ergänzend schriftlich vereinbart werden, dass der Auftragnehmer den Auftraggeber zu unterstützen hat, wenn den Auftraggeber Pflichten nach § 42a BDSG treffen.

(i) Nr. 9: Umfang der Weisungsbefugnis

Mit Blick auf den schriftlich festzulegenden Umfang der Weisungsbefugnisse des Auftraggebers gegenüber dem Auftragnehmer kann es sich empfehlen, dass sich der Auftraggeber umfassende Weisungsbefugnisse im Rahmen des konkreten Auftrags vorbehält und diese bedarfsgerecht durch Einzelweisungen konkretisiert. Einzelweisungen unterliegen zwar nicht dem Schriftformerfordernis, sollten aber aus Gründen der Beweissicherung sorgfältig dokumentiert werden.[87] Gegebenenfalls sollte eine Regelung zur Bestätigung der Weisungen mit aufgenommen werden.

(j) Nr. 10: Rückgabepflicht in Bezug auf überlassene Datenträger

Letztlich muss auch die Rückgabe überlassener Datenträger (was beim Cloud Computing kaum denkbar ist) bzw. die Löschung der beim Auftragnehmer gespeicherten Daten nach Beendigung des Auftrags schriftlich geregelt sein. Dabei gilt der Grundsatz der Löschungspflicht, soweit nicht andere Rechtsvorschriften (z. B. Aufbewahrungsvorschriften) dieser entgegenstehen.[88] Vertragliche Zusicherungen der Datenherrschaft durch den Cloud Anbieter sind regelmäßig unzulässig, da diese beim Auftraggeber zu liegen hat. Zusätzlich zu der vertraglichen Zusicherung ist eine entsprechende Löschung zu bestätigen und ggf. auch eidesstattlich zu versichern.

---

[84]   So auch *Gola/Schomerus*, in: dies., § 11 Rn. 18f.
[85]   *Gola/Schomerus*, in: dies., § 11 Rn. 18i.
[86]   So auch *Weichert*, Cloud Computing, Nr. 9; *Gola/Schomerus*, in: dies., § 11 Rn. 18i.
[87]   Statt aller *Gabel*, in: Traeger/Gabel, § 11 Rn. 54.
[88]   *Gola/Schomerus*, in: dies., § 11 Rn. 18i.

(3) Sonstige Pflichten des Auftraggebers

Der Auftraggeber hat nicht nur einen schriftlichen Auftrag mit dem Auftragnehmer abzuschließen, sondern ihn treffen weitere Pflichten aus § 11 BDSG. Das umfasst das Gebot der sorgfältigen Auswahl des Auftragnehmers (§ 11 Abs. 2 S. 1 BDSG) sowie die Pflicht, nach der er sich vor Beginn der Datenverarbeitung und sodann regelmäßig von der Einhaltung der beim Auftragnehmer getroffenen technischen und organisatorischen Maßnahmen zu überzeugen und das Ergebnis zu dokumentieren hat (§ 11 Abs. 2 S. 4 BDSG). Die Nichteinhaltung des Satzes 4 Variante 1 ist nach § 43 Abs. 1 Nr. 2b BDSG bußgeldbewehrt. Diese Kontrollpflicht ist zwar nicht vor Ort durchzuführen[89], was beim Cloud Computing auch kaum möglich wäre. Jedoch ist eine Selbstzertifizierung bzw. regelmäßige Prüfberichte der Cloud Anbieter wohl auch keine zuverlässige Kontrolle[90], weshalb eine externe Überprüfung durch eine unabhängige Stelle, die einen Prüfbericht vorzulegen hat, zu fordern ist.[91] Je nach Schutzwürdigkeit der Daten, kann die Besichtigung bzw. Überprüfung der Geschäftsräume des Auftragnehmers und der dort getroffenen Vorkehrungen durchaus geboten sein.[92]

(4) Zusammenfassung

Alles in allem ist Cloud Computing, mit dem derzeitigen Verständnis von flexibler und dynamisch skalierbare Hard- und Softwarenutzung auf Servern bzw. Serverfarmen, die weltweit verteilt stehen, in der Regel nicht mit dem geltenden Datenschutz vereinbar.

cc) Durch andere Stellen

Grundsätzlich richtet sich § 11 BDSG mit einer gleichermaß geltenden Regelung (anders als die Landesdatenschutzgesetze)[93] sowohl an den öffentlichen als auch an den privaten Bereich.[94] Die andere Stelle i.S.d. § 11 BDSG kann aber sinngemäß nur eine taugliche Stelle im Sinne des Gesetzes sein. Ist für sie das BDSG nicht anwendbar (vgl. § 1 Abs. 2 BDSG), kann für sie zwangsläufig auch nicht § 11 BDSG gelten.

Deshalb ist zunächst zwischen öffentlichen (§ 1 Abs. 2 Nr. 1 und Nr. 2 BDSG) und nicht-öffentlichen Stellen (§ 1 Abs. 2 Nr. 3 BDSG) zu differenzieren.

(1) Öffentliche Stellen (§ 1 Abs. 2 Nr. 1 und Nr. 2 BDSG)

Im Bereich der öffentlichen Stellen ist weiterhin zwischen denen des Bundes (§ 2 Abs. 1 BDSG) und der Länder (§ 2 Abs. 2 BDSG) zu unterscheiden. Letztere fallen

---

[89] BT-Drs. 16/13657, S. 18.
[90] BITKOM, Cloud, S. 52; *Schuster/Reichl*, CR 2010, 38 (42); *Schaffland/Wiltfang*, § 11 Rn. 9c.
[91] So auch *Weichert*, Cloud Computing, Nr. 9.
[92] *Walz*, in: Simitis, § 11 Rn. 45.
[93] Vgl. dazu *Gola/Schomerus*, in: dies., § 11 Rn. 2 m.w.N.
[94] *Erbs/Kohlhaas*, Nebengesetze, D 25, § 11 Rn. 1, 9; *Gola/Schomerus*, in: dies., § 11 Rn. 2.

wegen Datenschutzgesetze aller Bundesländer[95] aus dem Anwendungsbereich des BDSG. Für öffentliche Stellen des Bundes gilt das BDSG. Das sind:

- (Bundes-)Behörden, § 2 Abs. 1 BDSG

- Organe der Rechtspflege des Bundes, § 2 Abs. 1 BDSG

- Alle sonstige öffentliche Stelle des Bundes, § 2 Abs. 1 BDSG (Vereinigungen von juristischen Personen des öffentlichen Rechts ungeachtet der Rechtsform)[96]

- Beliehene, § 2 Abs. 4 S. 2 BDSG (z.b. Schornsteinfeger)[97]

- Privatrechtliche Vereinigungen, die Aufgaben der öffentlichen Verwaltung wahrnehmen und die sich aus öffentlichen Stellen des Bundes und der Länder zusammensetzen, soweit sie über den Bereich eines Landes hinaus tätig sind und der Bund die Mehrheit der Anteile oder Stimmen hat (andernfalls unterliegt sie dem jeweiligen Landesdatenschutzgesetz), § 2 Abs. 3 BDSG[98]

In Deutschland – anders als in den USA[99] – gibt es wegen der datenschutzrechtlichen Problematik (bisher noch) keine konkreten Anwendungsbeispiele in der öffentlichen Verwaltung; das wird aber derzeit diskutiert.[100]

(2) Nicht-öffentliche Stellen (§ 1 Abs. 2 Nr. 3 BDSG)

Maßgeblich für die Einordnung als nicht-öffentliche Stelle ist zunächst allein die privatrechtliche Organisationsform.[101] Dazu gehören natürliche Personen – gleichgültig ob als Privatperson oder bei der Ausübung einer selbstständigen Tätigkeit – sowie alle privatrechtlich organisierten juristischen Personen und Personengesellschaften[102] (GmbH, AG, KG, GbR etc.), es sei denn, dass sie ausnahmsweise wegen der Wahrnehmung öffentlicher Aufgaben dem öffentlichen Bereich zugerechnet werden (s.o.).

Weiterhin findet das BDSG für nicht-öffentliche Stellen keine Anwendung, wenn sie Daten ausschließlich für persönliche oder familiäre Tätigkeiten erheben, verarbeiten oder nutzen (§ 1 Abs. 2 Nr. 3 BDSG). Fällt der Cloud Nutzer also unter diese Kategorie

---

[95] *Gola/Schomerus*, in: dies., § 1 Rn. 19a; *Helfrich*, in: *Hoeren/Sieber*, Multimedia-Recht, 16.1 Rn. 23.
[96] *Schaffland/Wiltfang*[2009], § 2 Rn. 4.
[97] Vgl. *Bergmann/Möhrle/Herb*[2001], BDSG § 2 Rn. 21 ff.; *Gola/Schomerus*, in: dies., § 2 Rn. 15.

[98] *Gola/Schomerus*, in: dies., § 2 Rn. 1; *Dammann*, RDV 1992, 157 (160 f.).

[99] Vgl. https://www.apps.gov/ (Stand: 17.01.2011 09:33).
[100] Vgl. *Singer*, Dienste, S. 2; *Schulz*, MMR 2010, 75.
[101] *Gola/Schomerus*, in: dies., § 11 Rn. 19.
[102] Vgl. *Bergmann/Möhrle/Herb*[2001], § 2 Rn. 47 ff.; *Gola/Schomerus*, in: dies., § 11 Rn. 20.

(z.B. eine Privatperson, die Urlaubsbilder bei flickr.com[103] hoch lädt), bedarf es – aufgrund der Unanwendbarkeit des BDSG – keiner Auftragsverarbeitung nach § 11 BDSG. Cloud Anbieter sind bisher nur nicht-öffentliche Stellen i.S.d. § 1 Abs. 2 Nr. 3 BDSG.

dd) Erheben, verarbeiten oder nutzen

Wie oben beschrieben, ist der Umstand und allen konkreten Ausgestaltungen des Cloud Computing gemein, dass der Cloud Anbieter die Nutzerdaten auf den Servern zum Zeck der weiteren Verarbeitung zumindest aufbewahrt, also speichert (§ 3 Abs. 4 BDSG), und sie somit gem. § 1 Abs. 2 i.V.m. § 3 Abs. 4 BDSG verarbeitet. Jedenfalls findet, soweit § 11 BDSG gewahrt ist, keine datenschutzrechtliche Übermittlung statt.

ee) Kein Dritter (§ 3 Abs. 8 BDSG)

Dritte sind gem. § 3 Abs. 8 S. 2 BDSG jede Person oder Stelle außerhalb der verantwortlichen Stelle. Keine Dritten sind dagegen nach § 3 Abs. 8 S. 3 BDSG Personen bzw. Stellen, die datenschutzrechtlich relevante Handlungen im Auftrag

– im Inland,

– in einem anderen Mitgliedstaat der Europäischen Union oder

– in einem anderen Vertragsstaat des Abkommens über den Europäischen Wirtschaftsraum vornehmen.

Demnach sind Cloud Anbieter mit Server Zweigstellen im Ausland, ausgenommen der EU/EWR-Staaten (in sog. Drittländern), immer Dritte, mit der Folge, dass eine Datenweitergabe an diese als Übermittlung zu kennzeichnen ist; eine Privilegierung durch § 11 BDSG entfällt.[104] Selbst ein angemessenes Datenschutzniveau (vgl. § 4b Abs. 2, 3 BDSG) des Drittstaates, ändert nichts an dem Umstand, dass diese Zweigstelle des Cloud Anbieters, Dritter bleibt. Wegen der beim Cloud Computing in der Regel weltweit verbreiteten Server und Serverfarmen käme § 11 BDSG somit kaum in Betracht.

c) Zwischenergebnis

Bei einem Verständnis von Cloud Computing, wie es derzeitig vorherrschend ist, kann eine Auftragsverarbeitung (§ 11 BDSG) grundsätzlich nicht angenommen werden.

2. Andere Erlaubnisnormen

Scheidet eine Auftragsverarbeitung aus, unabhängig aus welchem Grund, muss entweder eine Einwilligung des Betroffenen, also desjenigen, dessen personenbezogene Daten an die Cloud geschickt werden, oder eine gesetzlicher Erlaubnistatbestand vorliegen.

---

[103] http://www.flickr.com/ (Stand: 17.01.2011 09:33).
[104] *Erbs/Kohlhaas*, Nebengesetze, D 25 § 11 Rn. 7; *Gola/Schomerus*, in: dies., § 4b Rn. 5, § 11 Rn. 16; *Wedde*, in: Däubler/Klebe/Wedde/Weichert, § 11 Rn. 20; *Dammann*, RDV 2002, 70, (73).

a) Einwilligung

Voraussetzung für eine wirksame Einwilligung ist, dass sie freiwillig abgegeben wurde (§ 4a Abs. 1 BDSG). Bereits bei Daten von Arbeitnehmern könnte sich dabei das Problem stellen, dass sie beim Ablehnen der Einwilligung Konsequenzen zu befürchten haben könnten, somit eine Einwilligung womöglich scheitern würde.[105] Eine weitere Schwierigkeit liegt bei Kundendaten. Während die Einwilligung der Neukunden Bestandteil des Vertrages werden könnte, müsste jeder Altkunde mit einer Einwilligungserklärung, die von ihm zurück zu schicken wäre, angeschrieben werden. Eine unvollständige Rücklaufquote hätte eine Trennung zwischen den beiden Datensätzen zu Folge.

Hinzu kommen inhaltliche Probleme der Einwilligung. Der Betroffene müsste die Einsichtsfähigkeit in die Tragweite seiner Entscheidung besitzen.[106] Der Betroffene muss wissen, was mit den Daten geschehen soll. Dazu muss er zunächst wissen, auf welche personenbezogenen Daten sich die Einwilligung bezieht. Insbesondere bedarf es bei den sensiblen Daten (§ 3 Abs. 9 BDSG), nach § 4a Abs. 3 BDSG einer zusätzlichen ausdrücklichen Einwilligung. Werden die Daten an eine Public Cloud geschickt, müssten dem Betroffenen die daran beteiligten Unternehmen explizit genannt werden. Ändert sich ein teilnehmendes Unternehmen, wäre eine neue Einwilligung erforderlich. Ebenso wäre eine neue Einwilligung erforderlich, wenn sich die von der Cloud angebotenen Dienste und damit die Art der Datenverarbeitung verändert.

Die Einwilligung des Betroffenen scheint damit kaum praktikabel zu sein.

b) Gesetzliche Erlaubnistatbestände

Wegen der bisher nicht vorhandenen Cloud Nutzer im öffentlichen Bereich, wird hier lediglich die Zulässigkeit im nicht-öffentlichen Bereich betrachtet.[107]

Nach § 28 Abs. 1 Nr. 1 BDSG müsste die Cloud Nutzung für den Zweck eines rechtsgeschäftlichen oder rechtsgeschäftsähnlichen Schuldverhältnisses erforderlich sein. Der Zweck des Vertrages zwischen Betroffenem und Unternehmer ist aber grundsätzlich nicht, dass das Unternehmen Unternehmensteile (in eine Cloud) auslagert. In der Regel dient das Cloud Computing (nur) dem Outsourcing des Unternehmens (s.o.).

Weiterhin könnte § 28 Abs. 1 Nr. 2 BDSG als Erlaubnisnorm einschlägig sein. Dafür ist eine einzelfallabhängige und sich am konkreten Verarbeitungsprozess orientierende[108]

---

[105] So jedenfalls BITKOM, Cloud, S. 52.
[106] *Gola/Schomerus*, in: dies., § 4a Rn. 10.
[107] Vgl. Zulässigkeit im öffentlichen Bereich *Schulz*, MMR 2010, 75; *Büllesbach/Rieß*, NVwZ 1995, 444.
[108] *Holznagel/Bonnekoh*, MMR 2006, 17 (20) m.w.N.

Interessenabwägung zwischen den berechtigten wirtschaftlichen oder ideellen[109] Interessen des Unternehmens und den schutzwürdigen Interessen des Betroffenen vorzunehmen. Abzuwägen ist somit auf der einen Seite die Kostenersparnis des Unternehmens und somit dessen Wettbewerbsfähigkeit und auf der anderen Seite das Recht des Betroffenen auf informationelle Selbstbestimmung (Art. 2 Abs. 1 i.V.m. Art. 1 Abs. 1 GG). Es darf „kein Grund" erkennbar sein bzw. darauf hinweisen, dass letzteres durch die Cloud Nutzung von vorneherein beeinträchtigt sein kann (§ 28 Abs. 1 Nr. 2 BDSG).[110] Durch die Unkontrollierbarkeit der Daten auf den fremden Servern sowie durch die Internationalität und der damit verbundenen verschiedenen Datenschutzbestimmungen der einzelnen Länder (außer EU/EWR-Bereich) ist das aber nicht zu gewährleisten, sodass hier § 28 Abs. 1 Nr. 2 BDSG nicht anwendbar ist. Selbst bei einer Garantie für die Einhaltung der (deutschen) Datenschutzbestimmungen (vgl. §§ 4b, 4c BDSG), müsste stets eine Abwägung zwischen den beiderseitigen Interessen erfolgen, was zu einer Teilung der Datensätze (zwischen zulässig und unzulässig) führen könnte. Desweiteren treten wegen § 28 Abs. 6 BDSG weitere Probleme bei besonderen Arten personenbezogener Daten (§ 3 Abs. 9 BDSG) auf. Auch wird die reine Kostenersparnis die Schwelle zur Erforderlichkeit i.S.d. § 28 BDSG wohl noch nicht überschreiten.[111]

Weder § 28 Abs. 1 Nr. 1 noch Nr. 2 BDSG kommt in der Regel in Betracht.[112]

III. Lösungsvorschläge

Aufgrund dessen, dass eine Einwilligung des Betroffenen unpraktikabel ist und sonst keine gesetzliche Erlaubnisnorm vorliegt, sind im Folgenden die angesprochenen Probleme des Cloud Computing in Bezug zur Auftragsverarbeitung (§ 11 BDSG) zu lösen.

1. Problem: Internationalität

Die Problematik der Qualifizierung des Cloud Providers als Dritten, soweit er Server im Drittland betreibt, lässt sich in zweierlei Hinsicht lösen.

a) Cloud Computing nur im EU/EWR-Bereich

Cloud Anbieter könnten ihre Dienste – für die dem BDSG unterliegenden Cloud Nutzer – auf den Raum der EU/EWR beschränken, wodurch die Daten nicht ins Drittland übermittelt werden würden und er somit kein Dritter i.S.d. BDSG wäre.[113]

---

[109] BGH, NJW 1984, 1886 (1887); *Gola/Schomerus*, in: dies., § 28 Rn. 24; BITKOM, Cloud, S. 53; vgl. ferner *Bergmann/Möhrle/Herb*[2010], § 28 Rn. 7 ff.

[110] Vgl. dazu *Gola/Schomerus*, in: dies., § 28 Rn. 28.

[111] *Weichert*, Cloud Computing, Nr. 6.2; das verkennt *Niemann/Paul*, K&R 2009, 444 (449).

[112] BITKOM, Cloud, S. 53; *Nägele/Jacobs*, ZUM 2010, 281 (290); a.A. *Niemann/Paul*, K&R 2009, 444 (449); *Geis*, Cloud Archivierung, S. 5.

b) Analoge Anwendung des § 11 BDSG

Die andere Möglichkeit wäre § 11 BDSG analog anzuwenden. Dafür müsste in Bezug zum Cloud Computing (und dessen Nutzung) eine planwidrige Regelungslücke und eine vergleichbare Interessenlage zum § 11 BDSG bestehen.

aa) Planwidrige Regelungslücke

Eine gesetzliche Regelung zum Cloud Computing existiert nicht. Aus Art. 25, 26 EU-DSRL ergibt sich vielmehr, dass sich eine Übermittlung personenbezogener Daten in Drittländer, soweit im Grundsatz die Angemessenheit des Schutzniveaus beibehalten wird, möglich sein soll. Das wurde für die Fälle des Cloud Computings weder in der Richtlinie noch im BDSG beachtet. Diese Lücke ist – mangels entgegenstehender Angaben in den Erwägungs- und Begründungsunterlagen[114] – auch planwidrig.

bb) Vergleichbare Interessenlage

Schließlich müsste die Interessenlage bei der Nutzung der Cloud Dienste mit der der Auftragsverarbeitung nach § 11 BDSG vergleichbar sein. Maßgeblich für § 11 BDSG ist zunächst einmal Ziel und Zweck des Gesetzes an sich. Das BDSG dient dazu, den Einzelnen vor der Beeinträchtigung in seinem Persönlichkeitsrecht zu schützen (§ 1 BDSG). Die EU-DSRL nennt zudem auch den Schutz der Grundrechte und Grundfreiheiten (Art. 1 Abs. 1 EU-DSRL). Der Grund, Auftragsverhältnisse mit Auftragnehmern aus Drittländern nicht durch § 11 BDSG zu privilegieren, ist, dass in diesen Ländern kein dem EU-DSRL zugleich kommendes Schutzniveau garantiert werden kann. Läge ein solches jedoch vor bzw. wird dieses garantiert, steht der Anwendbarkeit nichts entgegen.[115] Die Interessenslage wäre – soweit die anderen Voraussetzungen des § 11 BDSG erfüllt sind – dieselbe, wie bei der Auftragsverarbeitung im EU/EWR Rahmen.

Demnach müsste das Drittland bzw. das Unternehmen mit Sitz in diesem Drittland zumindest das gleiche Schutzniveau, wie von der EU-DSRL vorgeschrieben, aufweisen.

Zu diesem Zweck kann die EU-Kommission gem. Art. 25 Abs. 6 EU-DSRL die Angemessenheit des Datenschutzniveaus bestimmter Länder verbindlich feststellen. Dies wurde zwar für die Schweiz, Argentinien, Guernsey, Australien, die Isle of Man, Jersey und Kanada bejaht.[116] Anbieter mit Datenzentren in den USA erfüllen die Vorgaben in aller Regel jedoch nicht, es sei denn, sie haben sich den Safe-Harbour-Bestimmungen

---

[113] So auch *Schuster/Reichl*, CR 2010, 38 (42); *Pohle/Ammann*, CR 2009, 273 (277) m.w.N.; *Spies*, MMR 2009, XI (XI) mit einem Beispiel aus Kanada.
[114] Vgl. dazu ABl. EG Nr. L 281 v. 23.11.1995, S. 31 ff.; BT-Drs. 16/3078.
[115] *Wedde*, in: Däubler/Klebe/Wedde/Weichert, § 11 Rn. 20.
[116] *Gola/Schomerus*, in: dies., § 4b Rn. 14 m.w.N.

unterworfen.[117] Der Nachweis der Vertrauenswürdigkeit durch das SAS-70-Typ-Zertifikat ist jedoch nicht ausreichend.[118] Um den Datenschutzbestimmungen zu genügen muss weiterhin der EU-Standardvertrag[119] abgeschlossen werden.

Durch Binding Corporate Rules (BCR), die für die an einer Cloud beteiligten Unternehmen verbindlichen Unternehmensregeln, kann zwar – kraft Vertrages – ein angemessenes Schutzniveau nach Art. 26 Abs. 2 EU-DSRL bzw. § 4c Abs. 2 BDSG (auch durch die Genehmigung der zuständigen Datenschutzaufsichtsbehörde bestätigt) vereinbart werden. Jedoch verhindert das nicht die – durch nationale Vorschriften der jeweiligen Drittländer legale – Zugriffsmöglichkeit der dortigen Organe.[120] Dieses Problem stellt sich insbesondere in Ländern wie China, Indien oder dem Iran, aber auch in den USA durch die Überwachungsvorschriften des US-Patriot Act, des Cybersecurtiy Act 2009, des US-Health Insurance Portability und des Sarbanes-Oxley Act.[121] Diese Möglichkeit würde wohl das Persönlichkeitsrecht des Betroffenen (unzulässig) beeinträchtigen. Um diesem gerecht zu werden, verbleibt nur die erste Alternative; die Länder müssen durch die EU-Kommission verifiziert werden.

Bei einem Schutzniveau auf EU-DSRL Ebene, ist die Interessenlage – soweit die anderen Voraussetzungen der Auftragsverarbeitung vorliegen – dieselbe wie in § 11 BDSG.

cc) Zwischenergebnis
§ 11 BDSG kann analog angewandt werden.[122]

c) Ergebnis für die Internationalität
Es können entweder die Server der Cloud Provider ausschließlich innerhalb der europäischen Grenzen betrieben werden oder § 11 BDSG wird analog angewendet. Das Problem der generellen Anwendbarkeit des BDSG ist damit jedoch nicht behoben.

2. Problem: Vereinbarkeit mit dem BDSG
Allerdings stellt sich daneben die Frage, wie die Anforderungen des BDSG, insbesondere die der §§ 11, § 9 BDSG, beim Cloud Computing zu gewährleisten sind. Hierbei können vertragliche Regelungen und dadurch Änderung im System des Cloud Computing Abhilfe verschaffen.[123] Insbesondere gilt es dabei den Anforderungen aus § 9

---

[117] Zum Verfahren vgl. ABl. EU Nr. L 215, 7 (10 ff.); u.a. *Gola/Schomerus*, in: dies., § 4b Rn. 14; a.A. *Weichert*, Cloud Computing, Nr. 11, der die Safe Harbour Zertifizierung als ungenügend klassifiziert.
[118] So auch *Weichert*, Cloud Computing, Nr. 11
[119] Vgl. dazu ABl. EU Nr. L 039, S. 5 ff.
[120] Das verkennen *Weichert*, Cloud Computing, Nr. 11; BITKOM, Cloud, S. 52 f.
[121] Vgl. dazu *Spies*, MMR 2009, XI (XII); *Nägele/Jacobs*, ZUM 2010, 281 (290).
[122] So *Weichert*, Cloud Computing, Nr. 11; *Wedde*, in: Däubler/Klebe/Wedde/Weichert, § 11 Rn. 20.
[123] Vgl. zu den Mindestanforderungen BSI, BSI-Mindestsicherheitsanforderungen.

BDSG, die derzeit nicht erfüllt werden (können), nachzukommen. Insbesondere müssen die Cloud Dienste, selbst wenn das dem derzeitigen Verständnis von Cloud Computing widerspricht und ggf. zu Zeitverlust führen kann, die Daten der verschiedenen Kunden trennen und entsprechend verschlüsseln. Das gilt im Besonderen für sensible Daten. Hier sollten von den Providern dem Kunden unterschiedliche Sicherheitsmechanismen zur Verfügung stellen. Außerdem müsse dem Nutzern die in Betracht kommenden Subunternehmer des Cloud Anbieters dargelegt werden. Letztlich muss eine Vereinbarung getroffen werden, nach der Daten nur auf Servern in ausgewählten Ländern derart abgelegt werden, dass sich der Ablageort jederzeit rekonstruieren lässt. Umsetzen ließe sich das Alles im Wege von in der Cloud implementierten Optionsangeboten, mit welchen der Cloud Nutzer etwa das Sicherheitsniveau wählen kann (s.o.).

Neben diesem Mindestmaß („insbesondere") für die Anwendbarkeit der Auftragsverarbeitung nach § 11 BDSG sollten ferner vertragliche Abreden zu dem bereits gesagten sowie zur Haftung, zum anwendbaren Recht und zum Gerichtsort getroffen werden. Weiterhin sind Regelungen für die Insolvenz eines Cloud- oder Ressourcenanbieters aufzunehmen, insbesondere in Bezug zu den Dateitypen. Sie müssen – auch wegen der gesetzlichen Aufbewahrungspflicht der Handelsbriefe und Buchungsbelege (§ 257 Abs. 4 HGB) – zu anderen Systemen kompatibel (plattformunabhängig) sein.

Bei dem zu fordernden Prüfbericht, sei er von Externen oder Internen, ist ferner zweifelhaft, ob die Cloud Provider diesen bei kleineren und mittleren Firmen standardmäßig zur Verfügung stellen werden, zumal die Kunden ihrerseits häufig kein entsprechendes Know-how im Datenschutz vorhalten (können).[124] Um den Anforderungen des § 11 BDSG gerecht zu werden, kann davon aber nicht abgesehen werden.

Fazit

Dass sich die gesetzliche Lage für Cloud Dienste ändert, ist – aufgrund der Reform des BDSG im letzten Jahr – unwahrscheinlich. Mangels Alternativen dürfen die Cloud Anbieter entweder ihre Dienste nur innerhalb der europäischen Grenzen erbringen oder die analoge Anwendung des § 11 BDSG wird befürwortet. Allerdings reicht das nicht aus! Das System von Cloud Computing hat sich zu verändern, um dem BDSG, insbesondere dem § 11 BDSG, genügen zu können. Kommen hier die Cloud Provider den Nutzern (aus dem BDSG Geltungsbereich) nicht entgegen, werden sie diese über kurz oder lang verlieren (müssen). Zum diesem Zwecke, insbesondere verschiedene Sicherheitskriterien zu erarbeiten, haben sich auf internationaler Ebene die US-dominierte Cloud Secu-

---

[124] So auch *Schuster/Reichl*, CR 2010, 38 (42).

rity Alliance (CSA) und auf europäischer Ebene (mit dem deutschen Mitglied Germany eco) die EuroCloud zusammengeschlossen. Auch das Bundesamt für Sicherheit in der Informationstechnik (BSI) hat einen Entwurf zur Diskussion gestellt.[125]. Das alles wird die Kosteneffizienz und somit die Attraktivität von Cloud Computing mindern. Ob es sich trotzdem durchsetzen wird, bleibt abzuwarten.

---

[125] Vgl. dazu BSI, BSI-Mindestsicherheitsanforderungen.